LECTURES FACILITÉES - LIVRES D'ACTIVITÉ

Cette collection de lectures facilitées est d'approche facile grâce à l'utilisation d'un vocabulaire d'environ 600 mots. Elle est indiquée aux étudiants âgés de 12 à 16 ans qui ont étudié la langue française au moins pendant deux ans.

Ces lectures sont très utiles en tant que support matériel pour les professeurs de français, pour stimuler les élèves à une lecture active : sur les pages de gauche une histoire complétée par des notes explicatives en français est proposée, et sur les pages de droite il y a des exercices qui font exclusivement référence au texte même. De cette façon l'étudiant est obligé non seulement d'accomplir une étude approfondie de ce qu'il a lu, mais aussi de s'appliquer à l'étude du vocabulaire, aux temps verbaux, à la syntaxe, etc., et à les réutiliser, en mettant aussi bien en état l'enseignant (et en se mettant lui-même en état) de vérifier le degré de compréhension.

De là, le nom "Livre d'activité" car tout est écrit sur la page, des feuilles ajoutées et des cahiers ne sont pas nécessaires. Il n'est pas nécessaire non plus de feuilleter le livret : tout ce qui sert à l'étudiant se trouve sous ses yeux. Certains exercices servent à résumer la connaissance de la langue française, d'autres sont plus amusants. A la fin de la lecture l'étudiant connaîtra l'histoire et sera même en mesure de la raconter !

GW00708231

texte, exercices et notes
Francine Martini

La chanson
de Roland

La **CHANSON DE ROLAND** est une chanson de geste, c'est-à-dire un long poème qui retrace les exploits (la geste) des guerriers de l'époque. C'est la plus ancienne des chansons de geste médiévales, et la plus importante. L'auteur est resté inconnu.

Le sujet de cette chanson est un événement historique qui remonte au début du règne de Charlemagne et qui relate une chronique du temps. Les épisodes de la Chanson de Roland sont considérés comme une épopée, religieuse et nationale dont le héros, Roland, devient un symbole, un modèle du parfait chevalier, fidèle à Dieu et au roi.

LA CHANSON DE ROLAND

Le 15 août 778, au retour d'une expédition [1] *contre les Sarrasins d'Espagne, au cours de laquelle la ville chrétienne de Pampelune est prise et celle de Saragosse assiégée, l'arrière-garde de l'armée de Charlemagne est attaquée par une troupe* [2] *de montagnards basques, chrétiens eux aussi.*

Roland, Comte de la marche de Bretagne et neveu de Charlemagne (appelé l'empereur à la barbe fleurie), est accompagné de ses pairs [3], *chevaliers qui sont aussi braves* [4] *que lui. La bataille présente un épisode essentiel* [5] *de la lutte menée contre les infidèles, les païens* [6], *qui sont très nombreux.*

1. **une expédition** : *une compagnie (opération militaire exigeant un déplacement de troupes).*
2. **une troupe** : *un groupe.*
3. **pairs** : *pers. semblable quant à la fonction, la situation sociale.*
4. **braves** : *courageux au combat, devant un ennemi.*
5. **essentiel** : *fondamental.*
6. **les païens** : *pers. d'une religion autre que le christianisme.*

1. **Compréhension du texte.**

a) Que faisait l'expédition de Charlemagne en Espagne ?

....

b) Qu'est-ce qu'une arrière-garde ?

....

c) Comment appelait-on encore Charlemagne et pourquoi ?

....

d) Qui était Roland ?

....

e) Qui étaient les païens ?

....

f) Pourquoi les chrétiens luttaient-ils contre les païens ?

....

2. **A partir du mot *"arrière-garde"*, donne la définition des mots suivants :**

a) arrière-boutique :

....

b) arrière-goût :

....

c) arrière-grand-mère :

....

d) arrière-pays :

....

e) arrière-pensée :

....

f) arrière-plan :

....

g) arrière-saison :

....

h) arrière-train :

....

LA MISSION DU ROI MARSILE
AUPRÈS DE CHARLEMAGNE

Les Français ont conquis l'Espagne mais Marsile, roi de Saragosse, décide d'envoyer auprès de Charlemagne des messagers de fausses propositions de paix afin que les Français quittent [1] le pays et ne fassent plus la guerre.

Entretemps l'empereur Charlemagne est content, ses soldats ont réussi à prendre Cordoue. Ses chevaliers ont ramassé un grand butin d'or et d'argent et des pièces d'armure de grande valeur. L'empereur se trouve dans un immense verger [2] avec Roland et Olivier auprès de lui, et bien d'autres tout autour, en tout ils sont quinze mille. Près d'un églantier, sous un pin, un siège entièrement en or a été installé, l'empereur y est assis. Son allure est fière et élégante. Blancandrin, conseiller de Marsile, prend la parole et dit au roi : « Salut au nom de Dieu, le Glorieux, que nous devons adorer ! Voici ce que vous mande le roi Marsile, le preux. Il s'est informé de la loi qui sauve. De son avoir il veut vous donner à foison [3], ours et lions et vautres [4] tenus en laisse, sept cents chameaux et mille autours mués [5], quatre cents mulets d'or et d'argent troussés, cinquante chariots pour faire un charroi. Il y aura quantité de besants [6] d'or pur dont vous pourrez facilement payer vos soldats. En ce pays vous avez séjourné. En France, à Aix, vous devez retourner. Là-bas, vous suivra,

---

1. **quittent** : *laissent.*
2. **verger** : *terrain planté d'arbres fruitiers.*
3. **à foison** : *en grande quantité.*
4. **vautres** : *chiens de chasse.*
5. **autours mués** : *oiseaux de proie dressés pour la chasse qui ont subi la mue.*
6. **besants** : *pièces d'or de Byzance.*

3. **Compréhension du texte.**

a) Que veut obtenir Marsile en envoyant ses messagers auprès de Charlemagne ?

....

b) Pourquoi les pièces d'armure, que les soldats de Charlemagne ont rapportées, ont-elles une grande valeur?

....

c) Que penses-tu du discours de Blancandrin ?

....

d) Sur quel argument se base-t-il ?

....

e) Pourquoi Blancandrin dit à Charlemagne qu'il doit retourner à Aix (où est en réalité Aix-la-Chapelle) ?

....

f) Peux-tu expliquer cette phrase "Le roi Marsile s'est informé de la loi qui sauve" :

....

4. **A partir du mot *"discours"*, explique les mots suivants et fais une phrase pour chacun :**

a) discourir :

....

b) discoureur / discoureuse :

....

c) allocution :

....

d) harangue :

....

e) parole :

....

f) langage :

....

il vous le promet, mon seigneur ».

Charlemagne tend ses mains vers Dieu, il baisse la tête et pense. Il prend son temps pour réfléchir et répond : « Vous avez bien parlé. Mais le roi Marsile est mon grand ennemi : en ces paroles que vous venez de dire, dans quelle mesure pourrai-je avoir confiance ? ».

Le Sarrasin lui assure que tout ce qu'il a dit est vrai, il lui laissera même des otages [1] pour preuve et, parmi les otages, il y aura aussi le fils de celui-ci. Et il affirme même que dès que Charlemagne se rendra [2] dans son palais à Aix-la-Chapelle, le roi Marsile, le rejoindra afin de se faire baptiser.

LA TRAHISON DE GANELON

Charlemagne décide de réunir ses barons afin de discuter au sujet des [3] propositions de Blancandrin, le messager de Marsile. Ils ont tous des avis [4] partagés. Certains veulent continuer la lutte, comme Roland ; d'autres, au contraire, comme Ganelon, le beau-père de Roland, penchent [5] pour la conciliation. A la fin de cette réunion Roland désigne Ganelon pour aller en ambassade auprès du roi Marsile, celui-ci part à contrecœur et veut se venger de Roland.

Ganelon arrive auprès de Marsile et toujours avec son esprit de vengeance lui dit que Roland est très preux [6] et

---

1. **des otages** : *pers. livrée comme garantie de l'exécution d'une promesse.*
2. **se rendra** : *ira.*
3. **au sujet des** : *à propos des.*
4. **des avis** : *des opinions* (fém.)
5. **penchent** : *ont une tendance à choisir, à préférer.*
6. **preux** : *brave, vaillant.*

5. Compréhension du texte.

a) Quels sont les détails qui nous montrent que Charlemagne est un homme prudent et grave ?

....

b) Pourquoi Charlemagne se méfie-t-il de Blancandrin ?

....

c) A-t-il raison de se méfier de lui ?

....

d) Quelles sont les preuves que Blancandrin donne à Charlemagne ?

....

e) Pourquoi Marsile veut-il se faire baptiser ?

....

f) Pourquoi Roland désigne-t-il Ganelon pour aller en ambassade auprès de Marsile ?

....

g) Que fait celui-ci ?

....

6. Je mets la phrase suivante aux temps indiqués ci-dessous: *"Charlemagne tend ses mains vers Dieu, il baisse la tête et pense".*

a) futur :

....

b) imparfait :

....

c) passé composé :

....

d) plus-que-parfait :

....

e) conditionnel présent :

....

Olivier, son compagnon, l'est aussi. Il lui explique que les douze pairs, que Charlemagne aime tant, forment l'avant-garde avec vingt mille Francs. Charlemagne est ainsi en sûreté [1] et ne craint personne.

A cela le roi Marsile lui répond : « Beau sire, Ganelon, j'ai une telle armée que vous n'en verrez pas de plus belle; je puis avoir quatre cent mille chevaliers : puis-je combattre Charles et les Français ? ».

Ganelon répond : « Pas pour cette fois. Vous y perdriez beaucoup de vos païens. Laissez la folie ; tenez-vous à la sagesse [2] ! Donnez à l'empereur tant de richesses qu'il n'y ait Français qui ne s'en émerveille [3]. Pour vingt otages que vous lui enverrez, en douce France s'en retournera le roi; il laissera derrière lui son arrière-garde. Il y aura son neveu, le comte Roland, je crois, et Olivier, le preux et le courtois. Ils sont morts, les deux comtes, si l'on m'en croit. Charles verra son grand orgueil [4] tomber ; il n'aura plus jamais envie de vous faire la guerre ».

« Beau sire Ganelon, dit Marsile, comment pourrai-je faire périr [5] Roland ? »

Ganelon répond : « Je sais bien vous le dire. Le roi sera aux meilleurs ports de Cize [le col de Roncevaux] ; il aura mis derrière lui son arrière-garde. Il y aura son neveu, le comte Roland, le puissant, et Olivier, en qui il a tant de confiance [6]. Ils ont vingt mille Français en leur compagnie. De vos païens contre eux envoyez-en cent mille... ».

1. **est en sûreté** : *est à l'abri du danger.*
2. **sagesse** : *modération et prudence dans la conduite.*
3. **émerveille** : *frappe d'étonnement et d'admiration.*
4. **orgueil** : *présomption, arrogance.*
5. **périr** : *mourir.*
6. **confiance** : *assurance d'une pers. qui se fie à qqn.*

7. Compréhension du texte.

a) Dans quelle intention Ganelon vante la vaillance de Roland à Marsile ?

....

b) Comment suggère-t-il l'attaque de l'arrière-garde ?

....

c) Pourquoi Charlemagne ne craint-il personne ?

....

d) Pourquoi Marsile doit-il se tenir à la sagesse ?

....

e) Pourquoi Ganelon a-t-il cette grande envie de se venger de Roland ?

....

f) Selon Ganelon, à partir de quel moment Charlemagne n'aura plus envie de faire la guerre ?

....

8. Je remplace les compléments par le pronom personnel complément qui convient :

Ex. : Ganelon explique à Marsile que les douze pairs forment l'arrière-garde.

Ganelon lui explique que les douze pairs forment l'arrière-garde.

a) Charlemagne parle aux douze pairs.

....

b) Marsile répond à Ganelon qu'il veut combattre les Français.

....

c) Il dira aux chevaliers de les aider.

....

d) Marsile enverra des otages à Charlemagne.

....

e) Nous permettons à nos filles d'aller jouer dehors.

....

f) Je téléphone à Sylvie toutes les semaines.

....

Ganelon lui précise même qu'il vaut mieux [1] que Marsile livre [2] une seconde bataille, ainsi de cette façon dans l'une ou l'autre Roland n'échappera pas. Il aura fait un bel exploit et il n'aura plus de problème de guerre de toute sa vie. Après l'avoir bien écouté Marsile l'embrasse et lui offre ses trésors. Ganelon jure de trahir [3] Roland sur son épée Murgleis et manque à son devoir.

ROLAND ET OLIVIER
AU COURS DE LA BATAILLE

Ganelon revient, fait semblant d'honorer [4] Roland en le faisant désigner [5] pour rester à l'arrière-garde du prochain départ des troupes du roi Charles. Ils partent, les païens arrivent, ils sont très nombreux. Olivier dit à Roland de sonner du cor pour prévenir Charlemagne afin qu'il puisse envoyer des renforts mais Roland refuse à cause de son orgueil et de sa témérité [6].

La bataille commence. Roland chevauche à travers le champ de bataille, il tient Durandal, son épée, qui tranche et taille bien. Il fait un grand dommage aux Sarrasins, il jetait un mort sur l'autre. Son haubert en était tout sanglant ainsi que ses bras, et aussi son bon cheval était plein de sang jusqu'au col et aux épaules. Olivier en faisait autant et les douze pairs aussi. Les Français frappaient et donnaient

1. **il vaut mieux** : *il est préférable.*
2. **livre** : *engage, commence.*
3. **trahir** : *abandonner, livrer qqn.*
4. **honorer** : *traiter avec beaucoup de respect et d'égard.*
5. **désigner** : *nommer.*
6. **témérité** : *hardiesse, audace.*

9. Compréhension du texte.

a) Pour quelle raison doit-il y avoir une seconde bataille ?

....

b) Que veut dire le geste de Marsile vers Ganelon ?

....

c) Explique : "Ganelon manque à son devoir" :

....

....

d) Pourquoi Roland refuse-t-il de sonner du cor ?

....

e) Au Moyen Age les païens sont les non-chrétiens, mais quelle est en réalité la religion de Marsile et de ses soldats?

....

f) Au Moyen Age le chevalier portait un bouclier, l'écu pour se protéger des coups ; la lance ou hampe pour attaquer l'ennemi, l'épée pour un combat rapproché ; le casque ou heaume et la cotte de mailles ou haubert pour atténuer les chocs des armes ; le bliaut d'étoffe au-dessus de la cotte de mailles avec le blason. Aujourd'hui quels sont les habits d'un soldat et quelles sont ses armes ?

....

....

10. Je forme des phrases avec :

a) Il vaut mieux ....

....

b) Il paraît ....

....

c) Il suffit ....

....

d) Il manque ....

....

e) Il est préférable ....

....

13

des coups d'épée. Les païens mouraient, d'autres défaillaient[1].

L'archevêque Turpin, conseiller[2] de Charlemagne et l'un des douze pairs disait : « Bénis soient nos barons ! Montjoie ! » criait-il, ce qui était le cri de guerre de Charles.

Olivier chevauchait à travers la bataille. Sa hampe[3] était brisée[4], il n'en avait plus qu'un tronçon et il va frapper Malon, un païen. Il lui a brisé son écu qui était couvert d'or et d'ornements ; il lui a fait sortir les deux yeux de la tête, et sa cervelle est tombée jusqu'à ses pieds. Il l'a renversé mort parmi les autres morts innombrables.

Roland lui a dit : « Compagnon, que faites-vous ? En telle bataille je n'ai cure d'un bâton. C'est le fer et l'acier qui doivent se montrer efficaces. Où est votre épée qui a nom Haute-Claire ? D'or en est la garde et de cristal le pommeau. – Je n'ai pu la tirer[5], lui répond Olivier, car à frapper j'étais fort occupé ».

Olivier sort ensuite son épée et continue à frapper[6] et Roland lui dit : « Je vous reconnais, frère ! C'est pour de pareils coups que nous aime l'empereur ».

De tous les côtés, ils entendaient crier : « Montjoie ! ».

---

1. **défaillaient** : *se trouvaient mal.*
2. **conseiller** : *pers. qui donne des conseils.*
3. **hampe** : *long manche de bois auquel est fixé le fer d'une lance.*
4. **brisée** : *cassée.*
5. **la tirer** : *la prendre.*
6. **frapper** : *atteindre d'un coup porté avec une arme.*

11. Compréhension du texte.

a) Que représentent les douze pairs pour Charlemagne ?

....

b) Qui est l'archevêque Turpin ?

....

c) Que veut dire "Montjoie" ?

....

d) Pourquoi Roland reproche-t-il à Olivier de se battre avec un bâton ? Que devrait-il utiliser ?

....

....

e) Pourquoi les épées ont-elles toutes un nom ? Comment s'appelle :

• celle de Roland : ....

• celle de Ganelon : ....

• celle d'Olivier : ....

f) Pourquoi de tous côtés entendaient-ils crier "Montjoie" ?

....

....

12. Je construis des phrases négatives en supprimant le "pas".

a) Il a un tronçon de fer *(que)* :

....

b) Il peut lutter *(plus)* :

....

c) Ils lutteront toujours ensemble *(jamais)* :

....

d) Ils prendront l'épée de Roland *(rien)* :

....

e) Ils ont reconnu les païens *(personne)* :

....

f) Ils ont tué Roland et Olivier *(ni ... ni)* :

....

ROLAND SONNE DU COR

Roland s'aperçoit qu'il perd de nombreux soldats durant cette seconde bataille, et se décide enfin à sonner l'olifant (cor d'ivoire fait à partir d'une défense d'éléphant), mais Olivier lui dit qu'il est trop tard [1] maintenant, que son appel restera inutile.

L'archevêque Turpin arrive et dit : « Sonner du cor, ne nous servirait plus ; et cependant cela vaudrait mieux : vienne le roi, il pourra nous venger ».

Roland a mis l'olifant à sa bouche ; il l'enfonce bien, sonne avec grande force. Les montagnes sont hautes et, la voix du cor porte loin : à trente lieues on l'entendit se répercuter [2]. Charles l'entend, et tous ses compagnons aussi.

Le roi dit : « Nos hommes livrent bataille [3] ! ».

Et Ganelon lui répondit : « Si un autre l'eût dit, cela paraîtrait [4] grand mensonge ! ».

Roland sonne à grand peine et avec une grande douleur son olifant. Le sang clair jaillit [5] de sa bouche, il a été blessé, de sa tête la tempe se rompt. Charlemagne l'entend, le duc Naimes aussi et tous les Français écoutent.

Le roi dit : « J'entends le cor [6] de Roland ! Jamais il n'en sonnerait s'il ne livrait bataille ».

Ganelon répond : « Il n'y a pas de bataille ! Vous êtes déjà vieux, tout fleuri et tout blanc ; par de telles paroles

---

1. **trop tard** ≠ *trop tôt*.
2. **se répercuter** : *se propager, se transmettre*.
3. **livrent bataille** : *donnent, engagent une bataille*.
4. **paraîtrait** : *semblerait*.
5. **jaillit** : *sort, apparaît brusquement*.
6. **le cor** : *autrefois ; corne, trompe*.

13.   Compréhension du texte.

a)   Pourquoi Olivier dit à Roland qu'il est désormais trop tard
       pour sonner l'olifant ?

       ....

b)   Que conseille l'archevêque Turpin ? Pourquoi ?

       ....

c)   Est-ce que Charlemagne est étonné d'entendre le cor ?

       ....

d)   Quels arguments utilise Ganelon pour détourner
       Charlemagne d'aller au secours de ses soldats ?

       ....

e)   Que veut dire "tout fleuri et tout blanc" ?

       ....

f)   Est-ce que Charlemagne a réellement le pressentiment
       que Roland a été entraîné dans une embuscade ?

       ....

**14.   A partir du verbe *"livrer"*, forme des phrases pour
       chaque définition.**

a)   livrer quelqu'un *(dénoncer, remettre)* :

       ....

b)   livrer quelque chose à quelqu'un *(confier, donner)* :

       ....

c)   livrer un combat, une bataille *(engager, commencer)* :

       ....

d)   livrer un passage *(laisser passer, permettre de passer)* :

       ....

e)   se livrer *(se rendre, se soumettre)* :

       ....

f)   se livrer à *(s'adonner, exercer)* :

       ....

vous ressemblez à un enfant. Vous connaissez bien le grand orgueil de Roland. C'est merveille que Dieu l'endure[1] si longtemps. Il a déjà pris Noples sans votre commandement... Pour un seul lièvre, il va sonnant du cor, tout un jour. Devant ses pairs, il doit encore s'amuser. Il n'y a pas d'homme sous le ciel qui ose le provoquer[2]. Chevauchez[3] donc ! Pourquoi vous arrêter ? La Terre des Aïeux est encore bien loin de nous ».

Roland sonne encore l'olifant, tout le monde l'entend et le roi dit : « Ce cor a longue haleine ! ».

Le duc Naimes répond : « C'est qu'un baron y prend peine ! Il y a bataille, j'en suis sûr[4]. Celui-là l'a trahi qui vous en veut détourner[5]. Armez-vous, lancez votre cri de ralliement et secourez votre noble maison : vous entendez assez que Roland se lamente ! ».

L'empereur se décide, fait sonner ses cors. Les Français mettent pied à terre, et s'arment de hauberts, de heaumes[6] et d'épées ornées d'or. Tous les barons sont prêts à partir sur leurs chevaux de bataille. Ils vont à la recherche de Roland et de ses chevaliers.

LA MORT DE ROLAND

La bataille reprend. D'autres païens sont venus pour substituer ceux de la première bataille qui sont morts ou

---

1. **endure** : *supporte.*
2. **le provoquer** : *l'attaquer, le défier.*
3. **Chevauchez** : *allez à cheval.*
4. **j'en suis sûr** : *j'en suis certain.*
5. **détourner** : *dissuader, dérouter.*
6. **heaumes** : *au Moyen Age, grand casque enveloppant toute la tête et le visage du combattant.*

15. Compréhension du texte.

a) Explique cette phrase : "Pour un seul lièvre, il va sonnant du cor, tout un jour".

....

b) Pourquoi Ganelon dit cela ?

....

c) Que veut dire : "Ce cor a longue haleine" ?

....

d) Le duc Naimes pousse Charlemagne à :

....

e) Comment étaient les épées des soldats ?

....

f) Par quels autres verbes peut-on remplacer
   • "se lamente" : ....
   • "substituer" : ....

16. Je transforme la phrase *"Vous connaissez bien le grand orgueil de Roland"* aux temps suivants : (attention, le verbe *connaître* a un accent circonflexe à certains temps, il ne faut pas l'oublier !!).

a) imparfait :

....

b) futur :

....

c) passé composé :

....

d) conditionnel :

....

e) plus-que-parfait :

....

qui ont fui. Olivier est tué et Roland en éprouve [1] une grande douleur.

Sur l'herbe verte Roland se pâme [2]. Il est continuellement guetté par un Sarrasin qui fait le mort et reste étendu parmi les autres. Il a souillé [3] son corps et son visage de sang. Il se relève, va vers Roland, lui saisit son corps et ses armes et dit : « Il est vaincu, le neveu de Charles ! Cette épée, je l'emporterai en Arabie ».

Comme il voulut la lui prendre, Roland reprit un peu connaissance, sent qu'on veut lui dérober [4] son épée.

Il ouvre les yeux et lui répond : « Tu n'es pas, que je sache, des nôtres ! ».

Il tient l'olifant qu'il ne veut pas perdre, il frappe le Sarrasin sur le heaume garni de pierres précieuses et d'or et lui dit : « Fils de serf de païen ! Comment fus-tu assez audacieux [5] pour te saisir de moi soit à tort soit à droit ? Nul ne l'entendra dire qui ne te tienne pour fou ! Le gros bout de mon olifant en est fendu ; le cristal en est tombé et aussi l'or ».

Roland veut détruire [6] Durandal, son épée, et frappe contre une pierre grise. L'épée grince mais ne se brise pas, elle rebondit vers le ciel.

Quand Roland s'aperçoit qu'il n'arrivera pas à la briser, il la plaint en lui-même, très doucement : « Ah ! Durandal comme tu es belle et sainte ! Dans ton pommeau d'or il y a beaucoup de reliques : une dent de saint Pierre,

---

1. **éprouve** : *ressent*.
2. **se pâme** : *perd connaissance*.
3. **Il a souillé** : *il a sali*.
4. **dérober** : *prendre furtivement, voler*.
5. **audacieux** : *hardi*.
6. **détruire** : *supprimer*.

17. **Compréhension du texte.**

a) Pourquoi le Sarrasin continue-t-il à guetter Roland ?

....

b) Que fait-il pour passer inaperçu ?

....

c) Que veut-il faire de l'épée de Roland ?

....

d) Que fait Roland à ce moment-là ?

....

e) Pourquoi Roland veut-il détruire son épée Durandal ?

....

f) Qu'est-ce que le pommeau d'une épée ?

....

18. **A partir du verbe *"détruire"*, forme une phrase pour chaque définition et une phrase pour le contraire.**

a) détruire entièrement une construction *(abattre, démolir ≠ construire, bâtir).*

....

....

b) détruire entièrement ce qui est élaboré *(organiser, établir ≠ fonder, édifier).*

....

....

c) altérer pour détruire *(anéantir ≠ conserver).*

....

....

d) détruire un être vivant *(tuer, supprimer ≠ vivre).*

....

....

e) se détruire *(s'annuler, se suicider).*

....

....

du sang de saint Basile et des cheveux de Monseigneur Denis [premier évêque de Paris], et du vêtement de sainte Marie. Il n'est pas juste que des païens te possèdent : c'est par des chrétiens que vous devez être servie. Puissiez-vous ne pas tomber aux mains d'un homme capable de couardise [1] ! Par vous j'aurai conquis tant de vastes [2] terres, que Charles tient, qui a la barbe fleurie ! Et l'empereur en est puissant et riche».

Roland sent que la mort arrive. Il va se mettre sous un pin, il se couche [3] sur l'herbe verte, le visage contre la terre, il met son épée et son olifant sous lui. Il tourne sa tête vers les païens, vers l'Espagne parce qu'il veut que Charlemagne dise qu'il est mort en conquérant.

Il frappe sa poitrine d'une main et dit : « Dieu, mea culpa, par ta puissance, pour les péchés, grands et menus[4], que j'ai commis [5] depuis l'heure où je suis né jusqu'à ce jour où je suis frappé à mort ! ».

Il se souvient de bien des choses [6], de toutes les terres qu'il a conquises, de Charlemagne qui l'a élevé ; il en pleure et en soupire.

1. **couardise** : *poltronnerie (qui manque de courage).*
2. **vastes** : *immenses.*
3. **il se couche** : *il s'allonge.*
4. **menus** : *petits.*
5. **j'ai commis** : *j'ai accompli, perpétré.*
6. **de bien des choses** : *de beaucoup de choses.*

19. Compréhension du texte.

a) Peux-tu dégager les traits qui font de Roland un héros d'épopée dans :

• l'épisode du Sarrasin :..

....

• les paroles de Roland à Durandal, son épée : ....

....

• la prière finale :...

....

b) Pourquoi se tourne-t-il vers l'Espagne ?

....

c) Que veut dire faire son "mea culpa" ?

....

d) De quoi se souvient-il avant de mourir ?

....

20. J'utilise la phrase *"Il se souvient de bien des choses"* avec tous les autres adverbes de quantité. Qu'est-ce qu'on peut remarquer ?

a) peu :

....

b) assez :

....

c) trop :

....

d) beaucoup :

....

e) pas mal :

....

f) plus :

....

g) moins :

....

LA DOULEUR DE CHARLEMAGNE

Morz est Rollant, Deus en ad l'anme es cels.
Li emperere en Rencesvals parvient.
Il nen i ad veie ne senter,
Ne voide tere, në alne (ne) plein pied,
Quë il n'i ait o Franceis o paien.
Carles escriët : « U estes vos, bels niés ?... ».

Roland est mort. Charlemagne arrive à Roncevaux, il trouve des morts, français et païens, de tous côtés [1]. Il s'écrie: « Où êtes-vous, beau neveu ? Où est l'archevêque? Et le comte Olivier ? Où est Gérin, et Gérier son compagnon? Où est Oton ? et le comte Bérenger ? Ivon et Ivoire qui m'étaient si chers [2] ? Qu'est devenu le Gascon Engelier ? le duc Samson ? et Anséis le brave ? Où est Gérard le Roussillon, le Vieux ? les douze pairs que j'avais laissés ? ».

Personne ne répond et Charlemagne continue : « Dieu, j'ai bien des raisons de m'attrister [3] : que n'ai-je été au commencement [4] de la bataille ! ».

En observant les chemins poudreux le duc Naimes prévient [5] l'empereur que les païens se trouvent à peu près à deux lieues d'eux et lui dit : « Chevauchez donc ! Vengez cette douleur [6] ! ».

"Ah ! Dieu – répondit Charles, – déjà ils sont si loin !

---

1. **côtés** : *endroits, lieux.*
2. **chers** : *précieux, estimables.*
3. **de m'attrister** : *de me désoler.*
4. **commencement** : *début.*
5. **prévient** : *informe, met au courant.*
6. **douleur** : *souffrance, peine.*

21.   Compréhension du texte.

a)   Est-ce que Charlemagne trouve tout de suite son neveu à Roncevaux ?

....

b)   Essaie de traduire le texte en français ancien ? L'as-tu compris ?

....

c)   Pourquoi Charlemagne a-t-il bien des raisons de s'attrister?

....

d)   Que veut dire "Que n'ai-je été au commencement de la bataille" ?

....

e)   Comment peut-on définir le duc Naimes dans cette épopée? Quel est son caractère ?

....

f)   Que conseille-t-il à Charlemagne ?

....

22.   Je complète les phrases suivantes avec la préposition qui convient.

Ex. : Charlemagne arrive *à* Roncevaux.

a)   Il va .... Paris.

Paris est la capitale .... France.

Paris se trouve .... France.

b)   Tu vas .... Copenhague.

Copenhague est la capitale .... Danemark.

Copenhague se trouve .... Danemark.

c)   Ils vont .... Washington.

Washington est la capitale .... Etats-Unis.

Washington se trouve .... Etats-Unis.

Accordez-moi [1] mon droit et rendez mon honneur ! De douce France, c'est la fleur qu'ils m'ont ravie [2] ! ».

Le roi commande à Géboin et à Othon, à Tedbalt de Reims et au comte Milon : « Gardez le champ de bataille et les vaux [3] et les monts. Laissez-y les morts étendus comme ils sont. Que n'y touche ni bête ni lion ; que n'y touche ni écuyer ni valet. Je vous défends d'y laisser toucher aucun homme jusqu'à ce que Dieu veuille qu'en ce champ nous revenions ».

Et ils répondent doucement [4] par amour : « Droit empereur, cher seigneur, ainsi ferons-nous ! ».

Ils gardent avec eux mille chevaliers des leurs.

L'empereur part et fait sonner ses clairons [5], il chevauche avec sa grande armée, il poursuit les païens mais s'arrête quand le soir décline [6], il se prosterne contre le sol, prie le Seigneur de faire retarder la nuit.

L'ange Saint Gabriel vient, il a l'habitude de lui parler et lui donne cet ordre : « Charles chevauche ; la clarté du jour ne te fait pas défaut. Tu as perdu la fleur de France, Dieu le sait. Tu peux te venger de la gent criminelle ».

A ces mots, il remonte à cheval et repart.

---

1. **Accordez-moi** : *donnez-moi.*
2. **ravie** : *prise.*
3. **vaux** : plur. de *val.*
4. **doucement** : *lentement.*
5. **ses clairons** : *ses trompettes.*
6. **déchire** : *tombe.*

23. Compréhension du texte.

a) Quel regret éprouve Charlemagne ?

....

b) Qu'ordonne-t-il à ses barons ?

....

c) Pourquoi après être reparti avec son armée, se prosterne-t-il contre le sol et prie-t-il le Seigneur ?

....

d) Quel est le rôle de l'ange Saint Gabriel ?

....

e) Que veut dire : *"Tu as perdu la fleur de France"* ?

....

f) Pourquoi la clarté du jour ne lui fera pas défaut ?

....

24. Je mets toutes ces expressions aux formes impératives négatives (A) et impératives affirmatives (B).

(A)

Accordez-moi ! :

....

Rendez-lui ! :

....

Prête-m'en ! :

....

Parlez-lui-en ! :

....

Penses-y ! :

....

Appelons-les ! :

....

(B)

Ne l'ouvrez pas ! :

....

Ne lui en parle pas ! :

....

N'en mange pas ! :

....

N'y va pas ! :

....

Ne leur rends pas ! :

....

Ne les ferme pas ! :

....

LE DUEL ENTRE CHARLEMAGNE
ET L'ÉMIR

L'émir de Babylone, Baligant, vient au secours [1] de Marsile car tous ses soldats ont été refoulés [2], par Charlemagne et son armée, et ont péri [3] dans l'Ebre. Charlemagne revient à Roncevaux pour honorer ses morts quand les avant-gardes des païens arrivent pour une autre bataille. Au cours de cette bataille les deux armées s'affrontent et les deux chefs se rencontrent et luttent entre eux. Le duel qui s'engage entre eux est farouche [4].

L'émir dit : « Charles, réfléchis donc ! Décide-toi à te repentir de tes torts envers moi ! C'est toi, autant que je sais, qui as tué mon fils, et c'est à grand tort que tu revendiques mon pays. Deviens mon vassal, rends-toi à ma merci et viens me servir jusqu'en Orient ».

Charles lui répond : « Cela me paraît grande bassesse. Paix ni amour je ne dois rendre à un païen. Reçois la loi que Dieu nous révèle, la loi des chrétiens ; ensuite, je t'aimerai toujours. Puis sers le Roi tout-puissant et crois en lui ».

Baligant dit : « Tu commences à prêcher [5] un mauvais sermon ! ».

L'émir est très fort, il frappe Charlemagne sur son heaume, il le lui brise et l'épée blesse Charlemagne sur la tête. Il a mal, il chancelle [6] mais Dieu ne veut pas qu'il soit

---

1. **vient au secours** : *vient en aide.*
2. **refoulés** : *chassés, repoussés.*
3. **ont péri** : *sont morts.*
4. **farouche** : *violent, acharné.*
5. **prêcher** : *prononcer, dire.*
6. **il chancelle** : *il vacille, il risque de tomber.*

25. Compréhension du texte.

a)   Pourquoi Baligant va-t-il au secours de Marsile ?

....

b)   Qui est-il ?

....

c)   Où se trouvent Charlemagne et ses soldats quand les
       païens leur livrent une autre bataille ?

....

d)   Que demande l'émir à Charlemagne ? Pourquoi ?

....

....

e)   Pourquoi Baligant dit : "Tu commences à prêcher un
       mauvais sermon".

....

f)   Pourquoi Charlemagne chancelle-t-il ?

....

       Remplace le verbe *"chancelle"* par un synonyme autre que
       celui que tu trouves à la note 6 :

....

26. Je reprends la phrase *"Ses soldats ont péri dans l'Ebre"*
et je réponds aux questions suivantes.

a)   Quelle ville est baignée par l'Ebre ?

....

b)   Quelle ville est baignée par la Seine ?

....

c)   Quelle ville est baignée par le Tibre ?

....

d)   Quelle ville est baignée par la Tamise ?

....

e)   Quelle ville est baignée par l'Øresund ?

....

f)   Quelle ville est baignée par le Tage ?

....

tué ni vaincu.

Saint Gabriel arrive vers lui et lui demande: « Roi Magne[1], que fais-tu ? ».

Après avoir entendu la voix de l'ange Charlemagne n'a plus peur, il ne craint plus de mourir[2], il frappe l'émir avec l'épée de France, lui brise son heaume, lui tranche la tête pour en faire sortir la cervelle, ainsi que le visage jusqu'à la barbe blanche.

Il crie: « Montjoie » pour se faire reconnaître, le duc de Naimes arrive, il prend Tencendur [le cheval de Charlemagne] et l'empereur remonte en selle. Les païens s'enfuient[3], les francs les poursuivent et l'empereur avec eux.

Charlemagne dit : « Seigneurs, vengez vos deuils[4], passez votre colère[5], soulagez vos cœurs, car ce matin j'ai vu vos yeux pleurer ».

Les Français répondent : « Sire, c'est cela qu'il nous faut faire ».

De tous les païens qui se trouvent là, très peu réussirent à s'échapper[6].

1. **Roi Magne** : *Grand Roi.*
2. **il ne craint plus de mourir** : *il n'a plus peur de mourir.*
3. **s'enfuient** : *s'échappent.*
4. **deuils** : *douleurs, afflictions que l'on éprouve pour la mort de qqn.*
5. **colère** : *emportement, fureur.*
6. **à s'échapper** : *à se sauver.*

27. Compréhension du texte.

a) Qu'est-ce qui arrive à Charlemagne quand l'ange Saint Gabriel lui apparaît une seconde fois ?

....

....

b) Que crie-t-il à la fin du duel pour se faire reconnaître ?

....

....

c) Que font les païens qui sont encore vivants ?

....

....

d) Qu'ordonne Charlemagne à ses chevaliers ?

....

....

e) As-tu aimé cette épopée ? Pourquoi ?

....

....

....

f) Lui aurais-tu donné une fin différente ?

....

....

....

g) Quels sont les passages que tu as trouvés plus intéressants?

....

....

....

....

....

h) Connaissais-tu déjà l'histoire ?

....

....

© 2003 *La Spiga languages* · IMPRIMÉ EN ITALIE PAR **TECHNO MEDIA REFERENCE** · MILAN
DISTRIBUÉ PAR **MEDIALIBRI** · VIA IDRO 38, 20132 MILAN · ITALIE · TÉL. 02 27207255 · FAX 02 2567179